UN

SUICIDE POLITIQUE

PARIS

IMPRIMERIE DE L. TINTERLIN ET Cᵉ

RUE NEUVE-DES-BONS-ENFANTS, 3.

UN
SUICIDE POLITIQUE

LETTRE A M. ÉMILE DE GIRARDIN

PARIS

E. DENTU, LIBRAIRE-ÉDITEUR

GALERIE D'ORLÉANS, 13, PALAIS-ROYAL

1861

UN SUICIDE POLITIQUE

LETTRE A M. ÉMILE DE GIRARDIN

Paris, le 15 janvier 1861.

Si vous étiez un homme de parti, vaincu par les révolutions ; si, comme tant d'autres, après avoir attaqué le pouvoir, vous aviez démontré dans la pratique votre impuissance à l'exercer, je n'irais pas troubler votre solitude d'Enghien pour vous engager à rentrer dans la vie publique. Je vous laisserais oublier dans vos loisirs vos défaites et vos mécomptes et je me garderais bien de vous demander de faire au gouvernement une opposition stérile pour lui autant que pour vous.

Mais il n'en est point ainsi : vous avez servi les partis, vous les avez aidés de vos conseils, vous leur avez fait entrevoir les abîmes béants, mais vous n'avez point enchaîné votre indépendance, vous n'avez point fait à l'esprit de coterie le sacrifice des principes. **Au** milieu des révolutions, alors que les gouvernements se succédaient et changeaient de nom sans changer de politique, vous êtes resté debout pour revendiquer les droits de la liberté. Toujours conservateur parceque vous savez que le progrès ne résulte jamais des abus de la force, vous n'avez jamais cessé d'avertir et de conseiller ; vous avez accepté tous les gouvernements qui se sont succédé, parce qu'à votre sens le bien public ne dépend point de la forme du gouvernement, mais des principes dont il s'inspire ; en un mot, au lieu de vous enrôler dans un parti et d'accommoder vos principes à ses goûts, vous vous êtes placé au-dessus des partis qui renversent, dans la région des idées qui édifient.

C'est à cette attitude que vous avez dû à la fois votre immense influence sur l'opinion et votre impopularité vis-à-vis des partis.

Pour les partis vous êtes un homme gênant, un esprit inquiet, un conseiller fâcheux, qui ne passe rien même à ses amis ; un auxiliaire sans complaisance, sur lequel on ne peut compter dès que l'on s'écarte des principes ; à leurs yeux vous sembliez changer incessamment d'opinions précisément parce que vous n'en changiez pas : comme l'arbre immobile au bord de la route paraît changer de place aux yeux du voyageur que la vapeur entraîne.

Pour le public, pour le peuple, qui ne prend point les ambitions personnelles pour des opinions, qui est désintéressé dans les questions de places et de portefeuilles, vous restiez l'apôtre du droit et de la liberté aussi bien sous l'état de siége en juin **1848**

que sous l'empire des lois de septembre 1835. Aussi le public vous applaudissait d'autant plus que les partis vous accusaient davantage.

Mais cette situation exceptionnelle que vous avez conquise, que vous avez créée, vous impose d'étroites obligations, et rend tout à fait inexplicable le système d'abstention que vous semblez vouloir prendre pour règle malgré les conseils réitérés de vos amis.

Permettez-moi de vous le répéter une fois encore, dans un moment où ces conseils semblent vous avoir quelque peu ébranlé, avec tout le respect que m'inspirent votre talent et votre caractère, mais aussi avec toute la sincérité que m'imposent l'estime que vous m'avez témoignée, le souci du bien public et le soin des doctrines qui nous sont communes.

Vous avez constaté en 1852 que les événements du 2 décembre étaient une défaite pour l'esprit de parti auquel vous aviez toujours opposé l'esprit public. Vous constatiez aussi à cette époque que la presse, privée des luttes de coteries, avait le loisir d'étudier désormais les questions vitales avec une gravité et une persévérance que favorisait en quelque sorte la situation qu'on lui avait faite.

Vous indiquiez alors à la presse le seul moyen d'arriver à conquérir la liberté de discussion, non point cette liberté précaire que donne un décret et qu'un décret retire, cette liberté qu'on limite à volonté sans que personne songe à s'en plaindre, sauf les hommes de parti ; mais cette liberté durable qui a pour base les mœurs du pays, pour sauvegarde l'opinion publique ; cette liberté que possèdent l'Angleterre et les États-Unis sans qu'aucune loi puisse y toucher, et que la France n'a jamais connue.

Que reprochait à la presse l'opinion publique qui l'abandonnait ? Elle lui reprochait d'avoir sacrifié l'esprit public à l'esprit de parti, d'avoir substitué les questions de personne aux questions de principes, d'avoir combattu le plus souvent les libertés du plus grand nombre : c'est ainsi qu'elle avait acquis cette réputation de bavarde, inutile aux yeux des uns, dangereuse aux yeux des autres, indifférente aux yeux de la masse.

Pour réagir contre cette opinion, pour se réhabiliter, la presse n'avait qu'un seul parti à prendre, celui que vous lui indiquiez en 1852, elle n'avait qu'à changer la tactique qui l'avait déconsidérée, sans se prononcer d'ailleurs sur les événements de 1851. Quant à moi, je suis profondément convaincu que si elle eût agi ainsi dès le début, elle eût rapidement conquis une situation préférable à celle qu'elle avait perdue et que neuf années ne se seraient point écoulées sans un réveil de l'opinion en faveur de la liberté de la presse.

Malheureusement, vous le savez, il n'en a point été ainsi ; les journaux ont préféré entreprendre une petite guerre d'allusions taquines plutôt que d'ouvrir une large discussion de principe, et de cette façon, au lieu d'élargir le terrain qui leur était laissé, au lieu de s'emparer de l'opinion qui, armée du suffrage univer-

sel, pouvait leur rendre leurs droits, ils ont eux-mêmes amoin-
dri leur rôle et affaibli leur action.

Et vous même, permettez-moi de le constater avec tristesse,
vous qui aviez si sagement apprécié la situation, vous que vos
antécédents, que l'autorité de votre nom destinaient à une grande
influence, vous vous êtes retiré de la lutte sans que les efforts de
vos amis aient pu jusqu'ici vous y ramener.

Je n'ai pas à discuter les motifs qui ont guidé votre conduite,
car je ne hais rien tant que les récriminations inutiles et les discussions oiseuses ; si je vous rappelle ce que vous disiez à la
presse en 1852, c'est afin d'avoir le droit de vous l'appliquer en
1861, c'est afin de vous montrer qu'aujourd'hui comme alors,
plus qu'alors à mon sens, il est une place digne de votre talent
et qui reste inoccupée. Permettez-moi de préciser un peu ma
pensée..

Depuis soixante-dix ans, depuis la révolution de 1789 les
gouvernements se sont succédé en France avec une déplorable
rapidité. La première république, le premier empire, la restauration, le gouvernement de juillet, la seconde république ont été
successivement acceptés par le pays et abandonnés par lui.

Que faut-il conclure de ces commotions périodiques ?

Il faut en conclure qu'aucun des gouvernements qui ont oc-
cupé le pouvoir depuis soixante-dix ans, n'a su appliquer d'une
manière complète les principes de la révolution et fonder par
conséquent l'ordre nouveau sur des bases immuables.

Et en effet, si l'on cherche l'esprit de la révolution française, non dans les actes du gouvernement révolutionnaire, mais dans les principes proclamés en 1789 et dans les cahiers des États, on reconnaît sans peine que le mouvement de 89 a été à la fois démocratique et libéral. Démocratique, il a supprimé la hiérarchie sociale, les priviléges de castes ou de classe ; libéral, il a proclamé la liberté de penser, la liberté de parler, la liberté d'imprimer.

D'où il résulte nécessairement que le gouvernement qui voudra durer en France et ne point aller contre l'esprit nouveau doit être à la fois démocratique et libéral.

Or, je le demande, l'histoire à la main, quel est de tous les gouvernements que je citais tout à l'heure, celui qui a franchement accepté, résolûment appliqué ce double programme.

Est-ce le premier empire, dictature démocratique, dictature glorieuse, mais enfin dictature ?

Est-ce la Restauration, avec ses préventions contre les idées nouvelles, avec ses lois contre les libertés et ses tentatives contre l'égalité ?

Est-ce le gouvernement, de juillet avec le privilége électoral et les lois de septembre ?

Est-ce la république de 1848, avec l'état de siége et la loi du 31 mai ?

Évidemment non.

Que les esprits superficiels considèrent comme un régime de liberté, le régime constitutionnel qui a fonctionné de 1815 à 1848, c'est possible ; mais il est facile de voir qu'ils prennent la forme pour le fond, l'apparence pour la réalité, et vous ne vous y êtes pas trompé un seul instant.

Une chambre qui discute et dispute jusqu'au point de lasser le pays, qui fait et défait les ministères ; une presse qui suit l'exemple de la chambre ; voilà la forme, voilà l'apparence.

La majorité du pays écartée de l'urne électorale ; la presse monopolisée par les riches aux moyens des lois sur le timbre et le cautionnement ; le pays privé du droit de réunion ; l'individu privé des garanties individuelles ; voilà le fond, voilà la réalité.

Or la liberté, pour quelques-uns, de détruire la liberté des autres, ce n'est pas la liberté réelle, car si la liberté est le droit imprescriptible de chacun, elle implique nécessairement le respect du droit d'autrui, également imprescriptible.

Voilà pourquoi la France démocratique semble se soucier si peu de la liberté ; voilà pourquoi trente ou quarante ans de régime soi-disant libéral ont laissé si peu de racines dans le pays, qu'un décret a tout supprimé.

On peut donc dire que les révolutions qui ont eu lieu depuis soixante ans sont le résultat d'un malentendu entre le pays et ses gouvernants, et que la liberté réelle, universelle, revendiquée par l'un, n'est point du tout la liberté factice, la liberté du petit nombre octroyée par les autres.

Qui donc mieux que vous pourrait comprendre cette doctrine, qui donc mieux que vous pourrait la propager, vous, l'adversaire du suffrage restreint et des libertés factices, vous l'apôtre du suffrage universel et de la liberté indivisible ?

Ne croyez-vous pas qu'au-dessus de tous les partis, au-dessus de toutes les coteries, au-dessus de toutes les Églises, il y ait à former un parti libéral et démocratique, et, si vous le croyez, que ne le dites-vous ?

Vous n'avez point besoin, pour former ce parti, qu'on révise la Constitution, qu'on modifie même la loi sur la presse, car, appuyé sur le suffrage universel, base du gouvernement, et sur les principes de 89, qui sont inscrits en tête de la Constitution, vous pouvez faire appel à tous les hommes de principes qui préfèrent les choses aux mots, le fond à la forme. Vous ne serez ni royaliste, ni républicain, ni bonapartiste, vous serez démocrate et libéral, ce que vous avez toujours voulu être. Vous n'aurez rien à soutenir que vous n'ayez soutenu déjà, mais vous le soutiendrez sous un régime qui, ayant admis le suffrage universel comme régulateur, est nécessairement gouverné par l'opinion publique.

Quelle situation préférable pouvez-vous donc rêver, vous qui ne voulez point du progrès par la force, vous qui voulez le progrès par la persuasion ? Auriez-vous donc perdu, vous aussi, la confiance que vous inspirait autrefois le suffrage universel ; seriez-vous arrivé à le considérer comme un instrument passif ?

Hé quoi ! pendant des années, dans les instants les plus difficiles vous aurez réclamé le suffrage universel, vous aurez demandé la convocation de ce tribunal permanent de l'opinion, et lorsque le suffrage universel est accepté, vous n'essaierez point d'exercer sur lui l'influence de la raison et des idées ; lorsque le tribunal est convoqué, vous ne plaiderez point devant lui la cause du droit et de la liberté? Il y a là, convenez-en, un manque de logique, et, à cet égard, vos disciples ont le droit de se montrer difficiles.

Venez donc parmi nous, à notre tête, faites appel à la génération nouvelle, qui n'a ni rancunes ni parti pris, et, en face des anciens partis en ruine, venez former le parti de l'avenir.

Pour former ce parti, il faudrait à la fois réconcilier le peuple et la bourgeoisie, et démontrer que l'autorité et la liberté ne sont point, comme on le croit, antipathiques l'une à l'autre. Cette double tâche est difficile, je le crois, mais je crois aussi que vous n'êtes point de ceux qui reculent devant les tâches difficiles.

Rectifier le malentendu qui sépare le peuple et la bourgeoisie, est-ce d'ailleurs chose impossible? Évidemment, non.

La bourgeoisie se méfie du peuple; elle lui conteste le sens politique, elle l'accuse de n'avoir conscience que des intérêts matériels.

Le peuple accuse avec raison la bourgeoisie d'avoir voulu former une classe privilégiée, de vouloir la liberté pour elle seule, d'avoir fait trop bon marché de l'intérêt des masses.

C'est à vous qu'il appartient de démontrer ce qu'un pareil désaccord à de menaçant pour l'avenir.

Vos antécédents conservateurs, votre situation personnelle, votre amour de l'ordre, votre antipathie bien connue pour les insurrections et les abus de la force, vous donnent auprès de la bourgeoisie une autorité incontestable. Malgré la hardiesse de vos conceptions, de vos projets, vous ne l'avez jamais effrayée, parce qu'en devenant révolutionnaire vous êtes resté l'homme de la légalité ; démocrate par vos aspirations et par vos doctrines ; vous êtes en même temps bourgeois par votre situation et par votre haine des barricades.

D'un autre côté, le peuple sait bien que jamais vous n'avez méconnu ses intérêts, ses besoins ; il sait que sous votre plume *conservation* ne veut pas dire conservation des priviléges, mais conservation de l'ordre pour l'harmonie des intérêts ; il sait que vous avez demandé le suffrage universel, la réforme de l'impôt, la liberté de réunion et d'association, l'abolition de la conscription, c'est-à-dire toutes les mesures qui peuvent assurer le bien-être des masses et les admettre à la gestion des affaires publiques.

A la bourgeoisie, vous pourrez rappeler ses méfiances contre le suffrage universel; vous pourrez lui montrer combien peu elles ont été justifiées par les événements ; vous pourrez lui rappeler qu'elle aurait évité la chute qu'elle déplore si elle avait été moins exclusive, si elle avait voulu vous suivre dans la voie des réformes pacifiques que vous lui traciez; vous lui rappellerez la révolution de février, prédite par vous chaque jour pendant plus d'un an, et dans l'étude du passé vous lui montrerez l'avenir.

Au peuple, vous apprendrez sans peine que la liberté universelle est le corollaire indispensable du suffrage universel; que le libre exercice des droits donne la solution pacifique des problèmes sociaux, que ne résolvent pas les révolutions violentes.

Et quand vous aurez ainsi amené le libéralisme bourgeois à se dégager de ses préjugés, à prendre son point d'appui au sein même de la nation ; quand vous aurez élargi son horizon, quand vous aurez donné au peuple le goût et le désir de la liberté en même temps que la haine des révolutions, vous aurez amené une réconciliation nécessaire, vous aurez dissipé les orages que l'ordre apparent dissimule, mais qu'il ne saurait prévenir.

Il n'est pas moins essentiel de combattre et de détruire enfin ce préjugé funeste qui présente le principe de liberté comme incompatible avec le principe d'autorité. Depuis longtemps déjà vous avez compris cette nécessité, et la campagne que je vous conseille d'entamer n'est après tout que le renouvellement de celles que vous avez déjà entreprises. Mais lorsque d'aussi graves intérêts sont en cause, les redites ne sont point à craindre, et je pense avec Napoléon Ier que « la répétition est la plus « énergique des figures de rhétorique. »

Un gouvernement qui supprime ou limite les libertés individuelles, civiles, religieuses ou politiques déclare par ce seul fait qu'il a une raison supérieure à celle de la nation, qu'il connaît tous les besoins du pays et s'engage à y pourvoir. En un mot, il substitue son initiative à l'initiative individuelle qu'il entrave en

la réglementant, et sa responsabilité à la responsabilité individuelle.

Or, vous le savez, l'idéal de tous les partis en France, c'est la réglementation, la protection par l'État et son intervention en toutes choses. En désaccord sur la manière d'intervenir, ou sur le degré de latitude qu'il est possible de laisser au public, ils n'admettent point qu'on discute la nécessité de la réglementation.

Ce qui résulte de ce déplorable système est facile à voir, et vous avez constaté bien souvent quels dangers il présente pour l'ordre et la stabilité du pouvoir : le public tenu en lisière finit par se dégager de toute responsabilité ; quoi qu'il arrive, c'est par la faute de l'État ; quoi qu'on désire l'État est tenu d'y pourvoir. Il n'est pas jusqu'aux circonstances atmosphériques dont on ne le rende responsable dans une certaine mesure, et parmi les causes d'une révolution on pourrait compter souvent une récolte insuffisante, un hiver trop rigoureux.

Comment en serait-il autrement lorsque depuis le jour de notre naissance jusqu'à l'instant de notre mort nous sommes immatriculés en quelque sorte et soumis à l'incessant contrôle de l'État.

A lui de nous instruire d'après un programme déterminé ; à lui de décider jusqu'à quel point nous devons être instruits pour suivre telle ou telle carrière. Pour les professions libérales, il a des diplômes ; pour les professions commerciales, il délivre des patentes.

Il censure nos lectures, il réglemente nos plaisirs ; les déré-
glements même les moins dignes d'intérêt n'échappent pas à son
universelle protection. C'est lui qui nous marie, et, suivant les
époques, nous permet ou nous défend le divorce, en y mettant
telles conditions qui lui paraissent convenables.

Sommes-nous malades, il a un médecin diplômé à nous four-
nir et nos médicaments nous sont livrés par les pharmaciens
qu'il a désignés. Si nous sommes en procès, il tient à notre dis-
position non-seulement des juges, mais tout un régiment d'avo-
cats, d'huissiers, d'avoués, de notaires.

Au milieu de ce réseau de réglementation, dans lequel nous
sommes comme emmaillotés, le sens de la liberté se perd à ce
point que les libéraux les plus osés croient avoir tout dit lorsqu'ils réclament le droit de faire des discours dans une assem-
blée et de publier quelques articles dans des journaux. Comment
dans cette situation ne perdrait-on pas la conscience de la responsabilité individuelle? Quel gouvernement pourrait conserver
sa popularité dans ce rôle impossible de providence sans infailli-
bilité?

Aussi peut-on dire que le risque de révolution dans un pays
est en raison directe de la responsabilité du pouvoir, c'est-à-
dire en raison inverse de la liberté individuelle.

Le jour où les gouvernements auront compris cette vérité si
évidente et si méconnue, nous aurons fini de traverser l'ère des
révolutions. Voilà pourquoi vous avez plainement raison de
vous dire conservateur, lorsque vous demandez non point tel

ou tel lambeau de liberté, mais toutes les libertés civiles, religieuses ou politiques.

Et puisque j'ai écrit ces mots : liberté religieuse, permettez-moi d'y insister un peu. Quels arguments en faveur de l'idée qu'ils représentent, ne trouveriez-vous pas, en effet, dans les événements actuels, dans les désaccords incessants qui se manifestent entre le clergé et l'État.

Les partisans des libertés restreintes, des libertés chaperonnées répètent sur tous les tons que l'Église doit être surveillée par le gouvernement parce que sans cela elle formerait un État dans l'État. C'est, je crois, la phrase consacrée. De là la nomination des évêques, les appels comme d'abus, le budget des cultes, enfin tout ce qui constitue l'intervention de l'État dans les choses du culte.

Or, je le demande à tous les hommes de bonne foi, ce qui se passe depuis un an, depuis la guerre d'Italie, ne montre-t-il pas la vanité de la théorie et l'impuissance des mesures qui la consacre? Nous avons vu, sous un régime où la liberté de la presse et la liberté de la tribune sont fort restreintes, les mandements épiscopaux attaquer ouvertement une puissance amie, mettre en suspicion la politique même de la France ; la chaire est devenue une tribune ; une petite armée a même été recrutée. A quoi l'intervention de l'État a-t-elle servi en cette circonstance? Qu'a-t-elle prévenu? qu'a-t-elle empêché? qu'aurait-on dit et imprimé de plus le clergé s'il eût été libre?

Certes je suis loin de me plaindre de la tolérance que le gouvernement a montrée, car je suis profondément convaincu que des persécutions eussent fortifié l'opposition, et vous partagez ce sentiment. Mais en pensant ainsi nous sommes conséquents avec nos doctrines, tandis que pour être conséquents avec les leurs les partisans de la réglementation sont obligés de conclure à un schisme, à la concentration des pouvoirs spirituel et temporels entre les mains du chef de l'État, à la constitution civile du clergé, toutes solutions qui ne résolvent rien puisqu'elles se borneraient à placer en face du clergé orthodoxe, un clergé schismatique que répudieraient les hommes de foi. Solutions étranges dans la bouche de ceux qui considèrent comme la cause des malheurs de Rome la concentration des pouvoirs temporel et spirituel dans les mains du même souverain !

Ne serait-il pas plus simple, ne serait-il pas plus rationnel de demander la séparation de l'Église et de l'État? De cette façon le clergé aurait toute liberté dans les limites de la loi commune, si la loi commune fixe des limites, et cette liberté serait bien constatée, ce qui dégagerait l'État de toute responsabilité et de tout soupçon d'oppression. Chaque culte serait entretenu par les fidèles, et les adversaires du pouvoir temporel ne donneraient point aux brochures qui l'appuient une subvention indirecte et involontaire.

C'est ainsi que la liberté résout sans peine les questions que l'intervention de l'État ne parvient qu'à compliquer.

Diminution des riques de révolutions par la diminution de la responsabilité du pouvoir ; diminution de la responsabilité du pouvoir par l'extension des libertés individuelles, tout est là, et je voudrais vous le voir répéter encore avec toute l'énergie de votre conviction, avec toute la vigueur de votre talent.

Et d'ailleurs les événements ne se joignent-ils pas à vos amis pour faire appel à votre patriotisme ? Ne présentent-ils pas des éventualités assez graves pour réveiller tous les hommes qui ont dévoué leur vie à la discussion des intérêts publics ?

A ce point de vue le décret du 24 novembre 1860 me paraît être un argument décisif, et je suis convaincu que son importance ne vous aura pas échappée.

De toutes les libertés que je désirais, la liberté parlementaire était certainement celle que je désirais le moins, parce que je crois que pour être utile elle doit avoir pour point d'appui la liberté de réunion et pour phare la liberté de la presse, ce n'est donc point le décret en lui-même qui m'a frappé, ni surtout qui m'a satisfait.

Mais je suis remonté de l'effet aux causes, j'ai cherché derrière le décret les intentions qu'il révèle, les préoccupations qui l'ont dicté. J'y ai vu alors un appel du gouvernement au concours du tous les hommes d'idées, la résolution d'entreprendre et de poursuivre le couronnement de l'édifice, et un désir de faire partager au pays la responsabilité des mesures que peuvent motiver de graves éventualités.

En présence de cet appel formel, explicite du gouvernement, il me semble que nulle abstention n'est permise aux hommes qui ne sacrifient pas l'intérêt public à des préoccupations personnelles et à l'intérêt de coterie. Il me semble que tout homme qui a une idée et qui la croit utile doit venir l'exposer et la défendre pour qu'elle soit réfutée si elle est fausse, pour qu'elle soit adoptée si elle est juste. Il me semble que vous particulièrement qui croyez à la force des idées, qui blâmez seulement ceux qui n'en ont pas, vous devez ouvrir la discussion sur celles que vous avez déjà émises et sur celles que vous croirez utile d'émettre. La seule raison qui pourrait justifier jusqu'à un certain point votre abstention ce serait la certitude de n'être pas écouté et cette certitude vous ne pouvez l'avoir après la mise en demeure qui vous est faite ainsi qu'à tous les hommes d'idées et de patriotisme.

Quand même vos doctrines ne devraient pas être adoptées votre rentrée dans la vie politique ne sera pas moins utile en jetant dans les discussions de la presse un nouvel élément de vivacité. Elle encouragera les timides en montrant que vous voulez croire à la sincérité des intentions du gouvernement ; elle encouragera le gouvernement dans la voie des réformes libérales en lui montrant que les hommes de valeur reviennent en même temps que la liberté.

Et si, comme il n'a cessé de le déclarer, le gouvernement désire avec sincérité que la liberté couronne un jour l'édifice, s comme on doit le supposer, le décret du 24 novembre est une tentative dans cette voie, croyez-vous que le moment ne soit pas venu de le prémunir contre des erreurs dangereuses, d'établir enfin une distinction entre la liberté réelle que nous réclamons et la comédie libérale que d'autres applaudiraient.

Ne croyez-vous pas qu'il soit opportun de faire vos réserves aux acclamations qui accueillent le réveil des discussions de la tribune, de déclarer formellement que le principe de la liberté n'est pas responsable des doctrines parlementaires.

Quant à moi, si j'ai été satisfait des intentions qui ont dicté le décret du 24 novembre, je l'ai moins été du décret lui-même. J'ai regretté que le premier pas du régime actuel vers la liberté fût le rétablissement du discours d'adresse dont l'utilité était contestée même par les amis les plus acharnés du régime parlementaire. J'ai regretté que la première liberté donnée au pays, par un gouvernement essentiellement démocratique, fût une liberté essentiellement bourgeoise.

Ces regrets, vous les avez partagés, car vous n'êtes point de ceux qui s'illusionnent sur la portée des discours, mais lorsqu'on a en main la force dont vous disposez suffit-il d'un regret stérile et ne doit-on pas l'exprimer ? Voulez-vous que la liberté courre une fois encore le risque d'être condamnée sans avoir été entendue ?

Voulez-vous conserver le droit de vous écrier encore une fois : « Pauvre et chère liberté, tu payes pour tout le monde ! Tu payes pour les fautes de tous les pouvoirs. Tu payes pour ceux qui te repoussent sans te connaître, et pour ceux qui t'invoquent sans te comprendre ! »

Pour moi, je vous le dis, avec toute la sincérité qu'autorisen l'amitié et la communauté des principes, s'il arrivait, ce qu'à Dieu ne plaise, que le couronnement de l'édifice avortât faute d'avoir été entrepris rationnellement, vous auriez dans ce malheur votre part, votre large part de responsabilité.

Un jour, dans une de ces causeries qui sont si précieuses à tous vos amis, vous définissiez vous-même le rôle que vous avez si bien rempli, et vous disiez : « Dans les temps calmes, j'effraye ; dans les temps troubles, je rassure. » Jetez les yeux à tous les coins de la carte de l'Europe, et dites si nous n'approchons pas de ces temps troubles où, d'après vos propres aveux, votre concours est si nécessaire.

A la politique de la paix réelle, de la paix par la paix qui, si elle eût été adoptée il y a seulement dix années, eût permis de diminuer les impôts, d'instruire les peuples, d'accroître leur bien-être, on a préféré la paix armée, la paix par la guerre ; et voici qu'aujourd'hui on se demande chaque jour d'où va jaillir l'étincelle qui allumera la guerre générale.

Vous combattiez le système des interventions parceque, disiez-vous, une intervention en amène toujours une autre, qui démolit ce qu'avait édifié la première : on est intervenu en 1849 à Rome pour rétablir le Pape, et bon gré mal gré l'intervention de 1859 ébranle son pouvoir, démantèle son royaume ; en 1854 on est intervenu en Orient pour consolider l'empire turc, en 1860 on intervient de telle sorte que son maintien est mis en doute. Ainsi en moins de dix ans voilà deux guerres d'intervention, qui sont aux deux autres ce que la négation est à l'affirmation.

A la politique étroite des nationalités vous avez opposé la politique universelle, et voici que l'Italie, émancipée en partie, est en proie au désordre, que le libérateur Garibaldi est à peu près exilé par ceux qui peuvent profiter de son œuvre. Voici que dans un document récent le roi de Naples oppose au *nationalisme* italien, le *nationalisme* napolitain, de telle sorte que la Sardaigne est au royaume de Naples ce que l'Autriche est à l'Italie. Après l'Italie, la Hongrie ; après la Hongrie la Pologne ; après la Pologne, l'Irlande ; après l'Irlande, que sais-je?

On a semé l'inconséquence, on récolte les complications ; on a ajourné toutes les questions, et voilà que toutes les questions se posent à la fois.

Après avoir intervenu en Italie pour accroître la puissance de Victor-Emmanuel, la France interviendra-t-elle pour l'empêcher d'occuper Rome ?

Si elle l'en empêche, quelles complications ne surgiront-elles pas de l'antagonisme du Piémont et de Rome !

Si elle ne l'en empêche pas, que deviendra le Pape? Comment sa situation sera-t-elle réglée?

Et pour la Vénétie, quelle attitude prendra la France si l'Autriche attaque le **Piémont** ou si le **Piémont** attaque l'Autriche pour avoir le bénéfice de l'offensive?

Si elle laisse faire sans intervenir, elle court le risque de laisser détruire son œuvre de **1859**.

Si elle intervient, elle court le risque d'allumer la guerre générale qu'elle a évitée par la paix de Villafranca.

Et la Hongrie frémissante, qui n'attend qu'un rayon de soleil du printemps pour se soulever, que lui dira la France si elle combine son mouvement avec le mouvement italien?

Et la question d'Orient, l'éternelle question d'Orient qu'on ajourne toujours et qui se pose sans cesse, comment la dénouera-t-on? Faudra-t-il approuver l'impuissance du gouvernement turc? Et si nos conseils ne triomphent pas de son incurie, si nos exhortations échouent à Constantinople comme elles ont échoué à Naples et à Rome, faudra-t-il donner à la Russie les clés de la Méditerranée?

Puis si la guerre, une guerre générale devient inévitable, pour liquider enfin la situation, quelles seront les données de cette guerre?

Quels seront nos alliés, quels seront nos ennemis?

Quels moyens emploierons-nous pour qu'elle soit la dernière des luttes barbares?

Quelle politique nouvelle faudra-t-il adopter à la place de la vieille politique, qui aura montré son impuissance?

Toutes ces questions sont posées par les événements ; toutes ces questions pèsent sur l'Europe entière, et c'est le moment que vous choisissez pour vous abstenir, pour jouir paisiblement de votre bien-être. Ah ! si vous avez encore de ces paroles qui rassurent dans les temps troubles, vous devez les prononcer, car l'opinion alarmée en a grand besoin.

Je ne vois pas, d'ailleurs quels motifs pourraient vous en empêcher.

Me direz-vous que la presse n'est pas suffisamment libre, ou bien à l'intérêt public opposerez-vous des raisons personnelles ?

En ce qui concerne la situation de la presse, j'en appellerai de vous-même à vous même, et je dirai comme vous disiez en 1852 : « Rien n'est obstacle qui ne soit moyen. »

Certes, je ne veux point prétendre que la presse jouisse des libertés que nous désirons pour elle ; récemment encore j'élevais la voix pour réclamer en sa faveur une législation plus favorable à la libre discussion ; la question n'est pas de savoir si la presse est suffisamment libre, mais si, telle qu'elle est, il n'est pas possible d'en faire un usage utile au pays.

Nous devons en croire ces déclarations formelles de M. le ministre de l'intérieur, ce que le gouvernement redoute, ce qu'il veut empêcher, ce sont les discussions de partis. Il craint les attaques des partisans des dynasties déchues ou des partisans de la république. Mais il comprend parfaitement que la discussion sérieuse lui serait un élément sérieux d'informations, et il fait à la presse

un appel chaleureux. « Ne me discutez pas ; discutez mes actes, » ainsi peut se résumer la pensée du gouvernement, telle
qu'elle est exprimée dans les récentes circulaires ministé-
rielles.

Je ne sais si vous avez remarqué comme moi avec quelle tié-
deur la presse a accepté ses déclarations, ou du moins combien
peu elle s'est empressée d'en profiter.

C'est que la liberté de parler n'est pas la plus facile à utiliser.
Pour parler, il faut avoir quelque chose à dire, et le silence est
si commode. Il est si commode de pouvoir se retrancher derrière la législation sur la presse pour se dispenser d'avoir une
opinion sur des questions brûlantes. Voilà ce qui arrête les
uns.

C'est que, d'un autre côté, la presse est aujourd'hui monopolisée par des puissances financières qui ne sont préoccupées que
du risque d'avertissement. Voilà ce qui tempère l'ardeur des
autres.

C'est qu'enfin les journaux qui ne sont pas des complaisants
insipides, sont placés, par leurs antécédents, en dehors du terrain de la Constitution. Chacun d'eux a dans sa poche un petit
drapeau légitimiste, orléaniste ou républicain, dont il essaie de
montrer un petit bout dans les grands jours.

Voilà pourquoi la loi actuelle, même après les circulaires de
M. de Persigny, ne laisse aucune latitude aux discussions des
journaux.

Mais vous, qui avez des idées, puisqu'on vous reproche d'en

avoir trop, ce n'est pas la pénurie d'idées qui peut vous engager à diminuer vous-même votre liberté.

Vous qui, dans les plus graves circonstances politiques, avez su joindre la hardiesse à la prudence, ce n'est pas l'appréhension d'un capitaliste timoré qui vous arrête.

Vous, enfin, ce n'est pas la nécessité d'accepter le terrain constitutionnel qui vous entrave. N'avez-vous pas dit le 12 avril 1852 :

« Une grande expérience est commencée, il importe qu'elle s'achève et qu'elle ne soit pas tronquée. Ce n'est jamais nous qu'on rencontrera en travers de la ligne droite. »

N'avez-vous pas déclaré à maintes reprises que la forme du gouvernement est ce qui vous importe le moins, et les principes qui le guident ce qui vous importe le plus?

N'avez-vous pas publié une brochure sous ce titre : *L'Empire avec la Liberté?*

N'avez-vous pas publié une série d'articles, il y a près de trois ans, pour provoquer la formation d'une opposition constitutionnelle?

Or, cette opposition constitutionnelle, cette gauche conservatrice est encore à former; elle est même formée déjà dans le pays, et elle n'attend plus qu'un organe. Entre les journaux qui applaudissent toujours et ceux qui ne critiquent que pour affaiblir, il y a place pour ceux qui n'applaudissent que ce qui est utile, qui ne critiquent que pour améliorer; entre la claque et la cabale, il y a place pour le public impartial.

Aussi la législation sur la presse ne saurait faire obstacle à votre rentrée ; car, entre la liberté limitée par les lois de septembre 1835 et la liberté limitée par le décret de janvier 1852, vous n'avez guère de préférence, partisan que vous êtes de la liberté sans autre limite que le bon sens public.

Me direz-vous que vous préférez condenser votre pensée dans une brochure ou dans un livre que la disséminer dans les colonnes d'un journal ?

Vous connaissez trop l'action de la presse périodique pour ne pas savoir qu'elle seule correspond aux nécessités des temps troubles ; qu'auriez-vous fait avec des brochures en 1848 ? Quand les événements se précipitent, suivez-les donc avec des volumes !

Est-ce donc avec des brochures que vous combattrez les journaux qui, chaque matin et chaque soir, s'adressent au chauvinisme national ?

Est-ce donc avec des volumes que vous réfuterez de prétendus amis de la liberté qui, se contredisant sans cesse, combattent la liberté des évêques et croient défendre ainsi leur propre liberté ?

Et d'ailleurs la brochure, le volume s'adressent à un public restreint, et ce public là n'est pas votre public. Vous ne parlez pas à une coterie, à un parti, vous parlez au peuple. Or, le peuple n'achète pas des volumes qu'il n'aurait pas le temps de lire, le peuple n'achète même pas une brochure qui coûte un franc ; tandis que le peuple achète un numéro de journal.

Voilà pourquoi vos brochures, vos livres se vendront moins bien que ceux d'un homme de parti, tandis que votre journal se vendrait à profusion.

Me faudra-t-il supposer que vous êtes **retenu** seulement par des considérations personnelles ; qu'après avoir été le champion de la réforme en 1847, le champion de l'ordre en 1848, le champion de la liberté en 1852, vous n'aspiriez plus qu'à jouir en paix de la fortune que vous avez acquise, sans vous inquiéter du sort que les événements réservent au pays.

N'oubliez pas que toute force implique un devoir, une responsabilité ; n'oubliez pas que les hommes qui refusent de prendre part à la vie publique à une époque tourmentée, ne sauraient y rentrer dignement quand l'orage est dissipé.

Si pourtant telle est votre volonté, c'est à vous à le dire ; mais alors il faudra ajouter **ces** lignes à votre biographie :

1861. M. de Girardin, préférant au bien public sa tranquillité personnelle, refuse son concours à la cause de la paix, de la liberté et de l'ordre, au moment où ce concours pouvait être le plus utile.

Vous êtes certainement libre d'ajouter cette mention à votre histoire, et je n'ai rien à en dire ; car, sur le seuil du domaine privé, l'amitié même doit s'arrêter. Il me suffira de constater avec douleur que vous aurez accompli un suicide politique.

Clément DUVERNOIS.